바람에게 묻다

서정문학대표시선 · 92

바람에게 묻다

초판 1쇄 발행 | 2025년 7월 11일

저　자 | 현경희
사　진 | 주영민

편　집 | 디자인그룹 여우비
펴낸곳 | 도서출판 서정문학
펴낸이 | 차영미
주　소 | 서울시 강동구 성안로31다길 8(천호동)
전　화 | 02-720-3266　F A X | 02-6442-7202
홈페이지 | http://cafe.daum.net/seojungmunhak.com
이 메 일 | sjmh11@hanmail.net
등　록 | 2008. 3. 10 제324-2014-000060호.

ISBN 979-11-91155-61-7 03810
정가 12,000원

© 현경희, 2025

*이 책 내용의 전부 또는 일부를 재사용하려면 반드시 저작권자와
 서정문학 양측의 동의를 받아야 합니다.
* 잘못된 책은 구입처에서 교환해 드립니다.

서정문학대표시선 · 92

바람에게 묻다

현경희 시집 제3집

| 시인의 말 |

2024년 이른 봄
큰바람이 나를 덮쳤다.
모든 걸 빼앗을 듯 몰아치다 조그만 숨구멍 하나 남기고
떠나갔다.
지나간 바람 뒤로 숭숭 뚫린 구멍들이 생겨났고
결코 메꿔질 수 없을 것 같던 구멍들이 1년이 지나서
조금씩 작아지고 있다.

다시 마주한 봄날
연둣빛 새잎은 어김없이 돋았고 짙어가는 숲을 보며 여전히
평화로운 하늘을 본다.
눈물은 말랐고 기억은 상처가 되고 사랑하는 이들의
초상은 또렷해진다.

나를 살게 하는 그들과 남은 시간을 공유하기 위해
이 책을 엮는다.

가슴을 때렸던 바람아
진정 묻고 싶다.
왜 그랬냐고
꼭 그래야만 했었냐고……

묻기만 했던 나와,
지나간 큰바람이,
듣고픈 한 마디!

이. 해. 할. 게……!

| 목차 |

3   시인의 말

제1부 다시 마주한 봄

13   가짜 뉴스
14   개화開花
16   경운기가 덮개 안에서 엿눈 뜨고 자던 집
18   고사리
19   짜장면 데이
20   그해 봄
22   꽃샘추위
24   매주 토요일 저녁 8시 50분
25   민들레
26   새로운 길
28   벚꽃이 피면
29   숨은그림찾기
30   애인해아천愛忍海我天
32   어미 꽃
34   엄마 민들레
36   예! 술 한잔
38   유혹
39   일주동로
40   윤회
42   하노이 누아르
44   푸른 잎 돋고 꽃바람 살랑이면

제2부 열정, 그 타던 여름

- **49** 공감
- **50** 나를 닮은 사진 한 장
- **51** 담쟁이
- **52** 노을과 억새
- **54** 독흔 할망(독한 할머니)과 오줌싸개
- **57** 말복
- **58** 똥돼지와 나
- **60** 동상이몽
- **62** 반딧불이 춤추는 산양리
- **64** 밤과 꿈
- **66** 사랑비
- **68** 섯알오름 삘기 꽃
- **69** 압력밥솥
- **70** 쐐기벌레의 변辯
- **72** 엄마와 갈중이
- **74** 여섯 개의 점
- **75** 영원
- **76** 독한 옆집 개
- **78** 오늘도……
- **79** 용돈
- **80** 위기의 사랑
- **81** 이중섭
- **82** 축축한 흙냄새에 이끌려
- **84** 치명적인 실수
- **86** 컵 받침
- **88** 토끼와 개똥벌레

90 평대극장
92 평화로 버스
94 해바라기
95 해장

제3부 그럼에도, 가을

99 그럼에도……
100 19호 태풍 솔릭
102 그땐 몰랐던 거야
104 다비식
106 님의 마음
107 달달해
108 된장찌개와 카르보나라
110 마지막 잎새
112 박쥐
114 불면
116 사랑은
117 시인의 꿈
118 아들을 지키며
120 엄마와 카레
121 잘못된 욕망
122 엄마의 보청기
124 여행가는 날
126 은행銀行과 은행나무
128 줄넘기
129 짧은 대화

130 천생연분
131 하루살이의 죽음
132 햇살 사이로

제4부 바람에게 묻다. 겨울

137 대꽃이 피고 난 후...
138 겨울비가 오기 전 제주는 그 어느 때보다 시리다
140 108동 주차장의 겨울
142 나밖에 모르는 나쁜 년
144 동백
146 마중
148 모슬포 오일장
150 바람을 품은 마을
152 바람과 나
153 빈곤 속 풍요
154 빙판길
155 생生글을 찾아
156 수선화
158 세탁
159 십팔
160 아버지와 싸락눈
162 다시 마주한 겨울
164 땅에는 평화
166 오른발이 왼발 앞에서
168 한라산 조릿대

제1부
다시 마주한 봄

가짜 뉴스

새벽,
까치 울면
반가운 손님 온다기에
기다려 봤지
정말 오긴 했지
잊고 있던
대출 이자 독촉장
네가 울면 희소식
어림없는 거짓말

개화開花

두 개의 작은 오름을 정복하고
좁은 내리막길을 지나
완만한 둔덕 옆으로 적당히 자란 풀섶 사이로
우뚝 솟은 봉우리 하나
비상한 모양새에 이름은 전설에 묻히고
당당한 정복자의 위세에
한 무리 산새들
화들짝 놀라
숨죽이며 다른 숲으로
급히 날아갈새

외로움에 지쳐가던 봉우리
높은 기상
꺾일듯 꺾이지 않고

어디선가 날아든 속살 하얀 나비
봉우리 끝에 앉아
말을 걸어온다
나랑 연애할래요?
우리 사랑할래요?

나비는 옷을 벗고 유혹의 춤을 춘다

마침내 드러난 봉우리의 불끈거리는 맨살

밤새 엉키고 엉켜
낮과 밤이 만나길 수차례

고개를 쳐든 봉우리의 일갈

꽃이 핀다
향기 진한 꽃이 핀다

경운기가 덮개 안에서 엇눈 뜨고 자던 집

아버지가 날마다 비닐봉지에 소주 한 병 담고 들어서던 집
재래식 변소 옆으로 기울어진 늙은 감나무가
흰둥이 목줄을 잡고 놓아주지 않던 집
시동 꺼진 경운기가 덮개 안에서 엇눈 뜨고 자던 집
하나둘씩 떠나는 자식들을 배웅하며 대문 앞 지키던 엄마가 서 있던 집
시간이 흐르고 사계절이 바뀌어도
화선지 위 먹물 자국처럼 지워지지 않던 집

기억 속 흑백사진처럼 남은
무인도 같던 빈집에 찾아든
애물단지 4남매
빈 필름을 끼고 하나 둘 돌아온다
빨, 주, 노, 초, 파, 남, 보 무지갯빛 기억으로

고사리

오그라진 손이
거친 손길에 꺾이고
펴보지 못한 청춘은
어느 제사상 북쪽 끄트머리에서
곡소리를 받아 낸다

한 줌의 봄볕조차 사치가 되어
덤불 속으로 숨어들고
그늘에서 피기만을 기다린 고사리

오그라진 마음이
가족 묘지 양지에서
후손의 오그라진 마음을
위로한다

짜장면 데이

4월 14일
사탕도, 초콜릿도 받지 못한
쭉정이 같은 연애 인생사들이 모여
시커먼 속
시커멓게 채워보자는
까맣게 탄 마음으로
내 돈 주고 사 먹는 짜장면 데이
가난한 유년 최고의 만찬이었던 짜장면이
오늘은 상실의 쓴맛을 담고
감동 대신 사탕 하나 건네지 못하는
밉상스런 남편 얼굴
아! 맞다
짜장 한 그릇 배달시켜 주어야겠다

그에게 초콜릿을 준 기억이 없다.

그해 봄

사냥철도 아닌데 사냥이 시작되었다
눈이 뒤집힌
사냥개들이 몰려든다
애들아 이제부터 숨바꼭질 놀이하자
아빠 장끼가 조심스레 목을 빼고 풀숲 너머 적을 쫓는다
몸이 조금이라도 보이면 술래
발자국 남기지 마라
쉿~ 하나, 둘, 셋, 넷~ 셈 못 할 때까지 세고
절대 얼굴 보이면 안돼
꿩의 가족들이 일제히 숨을 곳을 찾아 몸을 숨긴다
꼭꼭 숨어라 단디 숨어라
총부리가 우리를 겨눈다

푸드덕
망보던 아빠 장끼의 날개가 꺾이고
껑~껑~~
서로를 찾아 오름을 넘는 메아리
대답 없는 빈 울림만 허공을 맴돌고
탕. 탕.
술래놀이에 흠뻑 취한 사냥개들은
눈 덮인 한라산 계곡을 거침없이 휘저어

꼭꼭 숨은 장끼 가족들을 잘도 찾아낸다

어느 해보다 길었던 1948년 겨울
봄이 오고 보리싹이 땅을 덮을 때쯤
4.3둥이 꺼벙이는
맘껏 날아보지 못한
하늘을 향해 날개를 들썩인다
숨바꼭질 대신 낮은 비행 연습 새끼들을 다독인다
애들아 날개를 펴
이제는 날아도 돼
나는 법을 잊었던 꿩들이 잠시 어리둥절하더니
엄마따라 날개를 들썩인다

햇살 가득한 봄날
숨바꼭질 놀이 대신
푸른 보리밭 여기저기 꿩 가족들의 비행 연습이 한창이다

꽃샘추위

누군가는 막 피어난 꽃을 시샘한다 했다
샘이 나서 고약한 성질 부리는 거라고
막 기지개 펴는 나무에 겁을 주고
센소리로 벽 모서리에 부딪히는 건 애교
막 피어난 어린 매화가 분홍빛 고운 얼굴로
배시시 웃으면
졸망졸망한 눈망울에 빠져든 바람이 피시시 웃는다
여기저기 흩날리는 꽃잎의 유희

불어라 더 간드러지게
어깨춤을 추던 봄바람의 추임새가 거칠어진다
향기만이 가득한 거리
샘이 날 수밖에 없는 봄
맘껏 흔들어 보자꾸나

매주 토요일 저녁 8시 50분

매주 토요일 저녁 8시 50분
반질거리는 종이 한 장 들고
벌렁거리는 심장을 감추고
미세한 떨림을 누르며
숫자 7개에 꽂힌다

당첨번호000000+0
1등 당첨 하늘의 별 따기
당첨되지 않은 사람 천지 빛깔
이번만은 별똥별이라도 볼 것 같은 기대감 100%
하지만 난 늘 0%의 패배자

내가 사는 세상은 빙글빙글 도는 로또판
어떻게든 맞춰 보고픈 숫자 7개
하지만 난
확률 게임에 젬병
그래도 꿈은 계속된다
딱 일주일
품속에서 따뜻하게 익어가는
종이 한 장의 꿈

민들레

밟히고 밟혀도
피워야 할 계절에
어김없이

붉게 마른 흙 위로
단 하룻밤의 단잠도
사치인 것처럼

황달로 뜬 얼굴
까막한 세상
한 줌 희망이 퍼진다

새로운 길

없던 길 하나 생겼다
애초에 있지 않았던 길
산山 사람 하나둘 찾아들고
야생풀 살며시 자리 내주며
겨울밤 하얀 눈길처럼
시나브로 생겨난 길
막혀 있던 한라산 오름마다
빙긋이 뚫린 사잇길로
숨길 튼 한라산 바람이 지나고
계절마다 다른
햇살이 몸을 비비고
고요의 소리가 시도 때도 없이
통하며
길은 자꾸만 넓어지더니
끝내
세상과 내통한다

바람과
빛과
고요의 소리로
가득한 그 길을

군상들이 오르내린다
갈피를 찾지 못하고 헤매던
세상만사 희로애락
엇갈린 발걸음이
길 끝에 닿을 때쯤
살며시 풀리는
사람 사는 이치

길의 끝에서
오름은,
나는,
새로운 물음을 마주한다

벚꽃이 피면

거리마다 팝콘이 터졌다
잠시 닫았던 길거리 영화관은 만석
비련의 여주인공과 백수 왕자
미녀와 야수
황혼을 만끽하는 노부부
2대가 함께 만드는 가족 드라마
이별을 앞둔 청춘남녀의 진실게임
팝콘이 터진 거리 거리마다
막 개봉한 영화 속 주인공들로 가득하고
보장된 흥행, 입장료 무료
하얗고 핑크빛 도는 팝콘 무한리필
단, 한정 상영
벚꽃이 지기 전까지만

숨은그림찾기

맑음, 흐림, 비, 눈,
그중에
틀린 그림 찾기

아들, 딸, 남편
그중에
숨은그림찾기

일, 시, 친구, 사람
그중에
숨은 보석 찾기

애인해아천 愛忍海我天

난 참 모자란 사람입니다
그대 눈빛 속 수많은 별을 보면서도 사랑 애愛를 모르는 나는
참 모자란 사람입니다

부딪치면 깨질 줄 알면서도 자꾸만 쨍그랑거리는 나는
참을 인忍을 모르는
부족한 사람입니다

그대 손바닥 사이로 보이는 저 넓은 마음을
보지 못하는 나는
바다 해海를 모르는
속 좁은 사람입니다

난 참 모자란 사람입니다
아침, 저녁, 눈 감고 뜰 때
먹고 떠들고 웃는 순간마다 마다에
그대가 있음을 잊고 사는 나는
나我밖에 모르는 모자란 사람입니다

이 모든 걸 사랑이라 부르는 단 한 사람
모자람도 미련함도 바보 같음도

껴안고 사는 그대

그대는 바로 하늘 천天입니다

어미 꽃

며느리가 맘에 들지 않던 할머니는
밭으로, 동네 큰일 집 일손으로 내몰고
순진함이 박꽃을 닮으셨던 어머니는
멋진 운명을 힘차게 받아들이셨다
섬섬옥수 고운 손은 밭고랑을 닮아 가고
한 줌 허리로는 아이 넷을 견디고
울음이 새어 나오던 입술로는 술주정뱅이의
악담을 삼키길 수십 해.
사는 게 다 거기서 거기라며
인생무상을 일찍 알아채셨던 어머니.
꺼내 볼일 없어 몇십 년이 지나도 늘 새것 같은 신분증을
갱신하던 날,
찍고 찍고 또 찍어도 까맣게 뭉개지던 지문
새로 만든 신분증은 유일하게 잘 나온
사진 덕에 어머니의 자랑이 되었고
내가 사준 물색 정장은 또 다른
선전 겸 자랑용 광고지가 되었다

어머니를 꼭 닮은 나는 마흔이 되었고
얼굴은 닮아도 팔자는 닮지 말라던 어미의 소망

지옥과 현실은 한 끗 차이
새벽같이 달려가 뙤약볕을 맞이해야 할 밭일도 없고

어르고 달래고 물고 빨고 할 새끼도
딱 둘 낳아 밥값 할 나이가 되었고
모진 시어머니에 내몰려 동네 시집살이할 대문도 없고,
가끔 철없이 구는 남편은 있으나
삶을 내동댕이칠 만큼은 아닌 삶.
분명 내 어미의 소망은 이루어졌고
멀지 않은 날에 나는 신분증을 갱신하러 간다

지워진 지문처럼 가뭇없이 산다 느껴지는
순간순간 고통 앞에 비켜서는 날 보며
사는 게 다 거기서 거기라며
버티라 다독이는 어머니.

지금 사는 건 대통령 삶과 다름없다며
푸석한 얼굴에 갓 피고 있는
하얀 박꽃이 오랫동안 지지 않기를…

소망한다

엄마 민들레

겨울 끝물
납작 엎드린 민들레 잎 위로
당당히 꽃대 올린 노란 민들레
겨울바람이 성기게 잡아채고
이름 모를 잡초들 자리싸움에 밀려나
똥개 영역에 밀려 오줌 냄새 진해도
다 괜찮다
한 줌 햇볕과 한 줌 영토만 있다면 어디서든 피어난다
그것만이 할 수 있는 전부일지라도
이름 있는 풀꽃이기에 다 괜찮다
겨우내 참은 숨
세상 밖으로 토해낼 수 있다면 기꺼이 살아낼 것이다
그리하여 견디고 견뎌
넓은 세상으로 퍼져 갈 홀씨 여럿이니
충분히 괜찮다

나도 꽃을 피웠다
그 꽃들이 막 세상에 단단한 뿌리를 내리려 한다
그러므로 나 역시
괜찮다
난 엄마라 불린다

예! 술 한잔

오늘 우리 집 농사일 좀 도와주세요
예, 술 한 잔이면 됩니다
우리 집 전기 좀 봐주세요
예, 술 한 잔만 주십시오

술이면 뭐든지 하는
아버지가 미웠다

술 한 잔과 바꿔버린 아버지 인생이
가여워 말리지 못했다

예, 술 한 잔 드릴 테니
부디 좋은 곳에서 편히 쉬세요

술 한 잔이면 다 되던
아버지가 못 견디게 보 고 싶 다

유혹

새빨간 입술
살짝 틀어
입술과 입술이 만나고
잘록한 허리는 한 손에 쏙
풍만한 엉덩이는 짜릿
나대는 심장 가라앉히기엔 역부족

톡톡 튀는 그녀의 유혹
이제 그만 이제 그만
더 이상은 못 참아
내 몸속에서 그녀가 폭발한다

끄으윽~
거침없이 터져 나오는 신음 소리
오늘도 유혹하는
그대
코카 콜라

일주동로

동로東路를 통해 서귀포로 향하는 이른 아침 길
겨울 해는 은빛 가루를 가득 품고
갓 지은 햅쌀밥처럼 가쁜 숨을 몰아쉰다
태양의 숨은
검은 아스팔트와 지붕 위, 귤밭, 높은 전봇대, 한라산 능선,
동로東路와 함께하는 물상 여기저기에 남아
드라이버의 눈을 현혹시킨다

그 시간 서로西路를 향한 자동차들의 이곳저곳엔
이글거리는 태양이 하나씩 박혀있다
내 옆을 스쳐 지날 때마다
미등과 백미러 끝, 앞 유리와 차창, 번쩍거리는 차체,
모든 곳에 자리한 태양의 분신들.
그 분신들이 한꺼번에 내게로 달려든다
감당할 수 없는 눈이 벌겋게 데인다

오늘 나는,
투명한 겨울 아침 해를 고스란히 안는다
한쪽 눈만으로 세상을 담는다
그렇게 또 눈부신 하루가 시작되고 있다

윤회

다음 생은 풀 한 포기로 태어나
천수를 누려보자
봄이면 누렁소 기지개 펼 때
살짝이 푸름으로 태어나고
여름이면 풍성해진 옷을 반듯하게 차려입고
가을이면 잠깐 졸다가
겨울이면 또다시
흙으로 돌아가
없는 듯 살다가
배추흰나비 팔랑거리며 날거든
그때 다시 푸른 손 하나
뻗어 보자

하노이 누아르

기차 타고 북에서 하노이까지
유명세만큼 시시각각 보도되며
세계 곳곳 퍼지는 한 사람의 행보
핵을 가지려는 자와 없애려는 자의
한판 승부
이번만큼은 결실 있을 거라
믿는 자와 결코 믿지 않는 자
작은 궁을 나온 용은 불을 감추고 발톱을 숨긴다
세계가 주목한 하노이
서로가 원하는 말을 알지만 외면한 채
최대한 속을 감춘 눈에는 알 수 없는 미소만 맴맴
같은 민족에게 끌린 한반도민
두 손 모아 보내는 응원
결코 져버리질 않길 바라는 염원 속
더디기만 한 발표와 약속
3.1절 100주년 기념 준비 중 들려온 급보
회담 결렬.
하지만 웃으며 두 정상 이별하고
서방 코끼리와 한반도 뿔 용은
악수 대신 등짝을 보였다
기대감 속 남은 진실
누군가는 거짓말

달고 쓴 말들이 굴려지고 또 굴려지고
누군가의 웃음은 복선

영변의 약산 진달래 너는 정녕……

푸른 잎 돋고 꽃바람 살랑이면

이런 갑자기를 제게 주시면 안 됩니다
미처 배우지 못했습니다
기꺼이 보내드리는 법을

어제의 편한 목소리와 모습은
뜻하지 않은 이별을 예감하신 건지요
저승차사의 삼혼 소리에 왜 귀 막지 않으셨나요
내가 그토록 찾을 땐 못 듣는 날 많으시더니
너무도 쉽게 부르는 소리 들으셨네요
애가 타도록 불러봅니다
제발 한 번만 뒤돌아봐 주세요
그리고 돌아와 주세요
그 음성 그 몸짓 그 말투 그 모습 그대로
온전히 당신을 보겠습니다
짜증 부려 죄송합니다
그만하라 소리쳐 죄송합니다
할 만큼 했다 내 마음 다독여 죄송합니다
하지만
하지만
믿었습니다
언제까지고 그렇게 내 곁에 머물러 주실 거라고

다시 겁쟁이가 되려 합니다
빛 들지 않는 곳, 모난 가시가 되어
누구도 옆에 두지 않으려 합니다
당신 볼 수 없는 설움에
눈을 막고 귀를 닫겠습니다
이러는 제가 걱정된다면
꿈에서라도 다시 뵙게 해주십시오
칼바람이 춥습니다
푸른 잎이 돋고 꽃바람 살랑이면
어김없이 피어나던 진달래
앞동산에 지천으로 피거든
그 길 따라 바람 타고 오세요
망각의 시간이
시시때때로 나를 달래보지만
점점
잔인한 마음뿐입니다

제2부
열정, 그 타던 여름

공감

비가 온다
그 소리 자장가 삼아 잘 자라 했지
또록또록 떨어지는 소리 하나둘 듣다 보면
쉬이 잠들 것 같아서
쪽쪽쪽
잘 자라는 그대 인사
또록 소리에 뽀뽀로 화답하는 그대
사랑은 귀마저 멀게 하는
속삭임
그대와 나만 아는
비의 운율

나를 닮은 사진 한 장

스마트폰 속 가득한 사진
지문이 닳도록 밀어내면
멈춰 있던 사진들은 한 편의 영화가 된다
이름 모를 풀꽃과 하늘, 구름이 주인공인 사진
기억나지 않는 도시, 처음 접한 생소한 음식들
행복했던 감정 그대로 반사되는 마법이 가득 펼쳐진다
.
.
.
일시 정지
이어서 재생되지 못하고
멈춰버린 한 장의 사진
나 아닌 듯 나를 닮은 얼굴 하나
많고 많은 사진 중에 달랑 하나
함께한 추억 달랑 하나
아이와 이름 없는 풀꽃과 같이한 시간은 수백 분
엄마와의 시간은 찰나
늙어감의 핑계로 잊어버릴 것만 같아
영화가 끝나기 전
절대 풀 수 없는 주문을 걸고
영구 보관함에 봉한다

담쟁이

푸른 손을 있는 힘껏 뻗어 본다
이상이 있는 저 높은 곳을 향해
마지막 손이 닿는 그곳까지
숨죽이며 참고 참아
손발이 부르트고 터져 다다른 곳

그대의 몸은 이제 내 것이 되고
그대의 자리 또한 내 것이 된다
그대가 사랑한 저 높은 곳 태양은
이제 고개 돌려 나를 볼 것이다

굴복하라
보잘것없이 태어나 젖동냥으로 버틴 지난 시간
내어주길 거부하는 네 앞에
난 숙이고 숙이고 또 숙였다

이제 난 선명한 하늘을 본다
다 네 것인 줄 알았겠지만 처음부터 내 것이었다
구름을 가득 담은 하늘은
나를 기다려 주었다

노을과 억새

괘념치 마라
바다로 떨어진 붉은 해야
너를 보며 환호하고
내일을 기약하던
시간에 갇힌 우리가 있었으니

흔들리지 마라
가을이 널 데려와
바다 가까이 흔들리는 파도 곁에 두었어도
결코 꺾이지 않을
약속으로 깍지 끼던
우리가 있었으니

1:1 휴대전화 카메라 앵글 속
웃고 지저귀고 속닥속닥
입 맞추고 머리를 맞댄
남과 여

약속의 시간
바다로 빠진 해는
버진로드를 만들고

억새는 머리를 올려
하객 맞을 준비를 마친다

독흔 할망(독한 할머니)과 오줌싸개

내 어린 시절 얘기 하나 해줄까?
우리 집 옆에는 무섭기로 소문난 독흔 할망이 살았었지
주름진 얼굴이 꼭 호랑이 같았던
그래서인지 성질도 호랑이처럼 사나웠지
동네 애들도 그 집 앞을 지날 때면 살금살금 절로 까치발이 생겼지
우리 엄마 늘 하는 말
이불에 오줌 싸면 독흔 할망 집 보내버린다
하루 걸러 새 세계 지도를 만들던 시절
그 말은 무시무시한 마법 주문이 되어
자기 전 목마름을 견디게 했지
하루, 이틀 내 오줌보가 제 역할을 다하나 싶었는데
삼일째 되던 날
곱게 새로 깐 이불 위에 대형 우주 지도 하나가 그려지고 말았어
바가지 하나를 쥐여 주며
독흔 할망 집 가서
소금을 얻어 오너라
웬일인지 온화한 엄마 목소리에 역시 엄마는 날 사랑해
독흔 할망 집에 보낸다는 건 장난말이었던 거야
발걸음 가볍게 얼굴 활짝 펴고
할머니~ 독흔 할머니~

엄마가 소금 좀 얻어 오래요
오 그래~ 알았다 좀만 기다려라~
부엌에서 나오는 독흔 할머니 손에 가득 담긴 새하얀 소금
근데 얼굴에서 뿜어져 나오는 기운이
꼭 성난 호랑이 같아서 자꾸 뒷걸음쳐지는 거야
본능적으로 도망가야 할 것 같았어, 그래야 살 수 있을 것 같았거든
소금을 포기하고 돌아서려는 순간
새하얗고 각진 알갱이들이 내 얼굴로 날아들었어
온몸으로 달려들며 따갑게 내리치는 그것들은
녹지도 않더라 생긴 건 꼭 싸락눈 같은데.
도망치는 내게 독흔 할망 쫓아오며 하는 말
다시 또 이불에 오줌 싸면 독흔 할망 집에서 살아야 한다
또 싸라 또 싸면 내 손녀 삼아야지

그 덕인지 두 번 다시
지도를 그리는 일이 없어졌지
그 후로 얼마 없어 독흔 할망이 돌아가셨다는 말이 들렸어
그 밤 꿈에 끝도 없이 하얀 소금밭을 걷는
독흔 할망 곁에서 바가지를 쓰고 어쩔 줄 몰라 하던 내가
소금밭 사이 새로이 지도 하나를 그린 것 같다

지금도 길가 모드락 피어난 조팝꽃을 보면,
바람이 모아 놓은 싸락눈을 보면,
옆집 독흔 할망과 늦도록 오줌을 못 가리던 소녀의
소금 밀담이 생각나 오싹해진단다

말복

태양이 뱉어낸 화살촉 하나
가슴 정중앙에 콕 박혀
부지깽이를 삼킨 듯
온몸이 바짝바짝

아직 살아있는 아랫동네 복순이
초복, 중복 이겨낸
통통하고 하얀 몸
가느다랗고 곱슬거리는 흰 털이
더없이 사랑스러워

쓰러질 듯 휘청이는 여름
충혈로 터져버릴 것만 같은 태양
누구 한 놈 때려도 시원찮을
미치게 더운 날
너를 본다

하필이면 오늘

복순아 도망가

똥돼지와 나

두 다리가 성해야만 갈 수 있는 곳
누구나 하루에 한 번쯤은 가게 되는 곳
바로 앞부터 누구도 좋아할 수 없는 향기가 번지고
어두운 발밑에선 촉촉한 코를 벌름거리며
짧은 사지로 뭉텅뭉텅 뛰노는 검은 털의 장수
그리고 피할 수 없는 그와의 한판 승부

최대한 다리에 힘을 주고
엉덩이를 살짝 치켜든다
언제 뛸지 모르는 똥물을 대비해
무릎 관절은 적당히 구부려 유연함을 유지하며
순한 눈으로 위장한 검은 털 장수를 째려본다

힘이 빠진다
5분이 지났다
이대로 질 순 없다
아 여기서 물러서야 한단 말인가
90도를 유지하던 다리가 아래로 처지는 순간
장수의 혀가 날름 다녀간다
끝이다
5월 5일 빨간 일력은 찢을 필요가 없어져
다음 사람 몫이 되었다

난 졌지만
승자는 나였다
5월 8일
순한 눈의 장수는 동네잔치에서 목을 맸다

동상이몽

엄마~
새끼 고양이 키우자
하수구에서 구해주었는데 넘 귀여워
애교도 많고 졸졸 따라와
다른데 갈 데도 없어 보여
제발 반대하지 말아 줘

딸아
처음 네가 나에게 왔을 때 생각나는구나
너무 귀엽고 애교스러워서
자꾸만 깨물고 싶던 어린아이
내 뒤를 졸졸 쫓던
호기심 가득한 눈으로 나를 바라보던
천사 같던 아이
꽃다운 아가씨가 될 때까지 그럴 것만 같던 그 애가
오늘은 너를 꼭 닮은 냥이를 데려왔구나
딸아
중2가 된 너를 한번 돌아봐 줄래?
사춘기 접어들 새끼 고양이를 생각하니
벌써 가슴이 벌렁거리는구나
엄마는 그래도 너를
끝까지 지켜주겠지만~^^

반딧불이 춤추는 산양리

엄마 눈에는 땅에 떨어진 별똥별
7살 여동생에겐 반짝이는 크리스마스트리
노부부에겐 눈부신 추억
1년 중 딱 한 번
지금!

춤추는 반딧불이에게
산양 큰엉곶자왈은
특수 효과 가득한
영화 세트장

밤하늘은 살짝 조명을 낮추고
풀벌레는 쉿! 볼륨을 줄여줘!
비를 품었던 구름이 장막을 걷으면
소문 듣고 몰려든
관객들 숨죽이고 입장
딱 일주일만 상영되는
반딧불이 춤

매년 여름
산양곶자왈 환상 숲
달토끼와 마녀도

레드카펫에 오를 준비 완료
레디~ 액션!
별똥별이 되고, 트리가 되고, 추억으로 남을
판타스틱 영화
결말은
쉿! 스포주의

밤과 꿈

꿈속에서 우리는 하나입니다
두 갈래로 나눠지던 집도 한곳으로 이어지고
감나무를 심자는 내 의견에 당신은 한 발 물러나 당장이라도 감나무를 심을 듯 땅을 팝니다

모든 것이 우리 위주로 돌아가는 세상,
그 속에 당신과 나의 사랑도 있습니다.
몇십 년을 산 것 같은데 깨어보면 허무하게도
두어 시간 남짓입니다
현실에선 쏜살같던 시간이 꿈속에선,
깨지만 않는다면 우리의 시간은 영원합니다

안타깝게도 새벽녘 깨어버린 잠 때문에 그대와 일군 시간을 잃어버렸습니다
다시 잠들면 이어 붙일 수 있을까요,
행여나 이별하는 꿈이 될까 두렵습니다.
그리하여 하염없이 뒤척이는 이 시간,
아침이 되려면 아직도 한참입니다

사랑비

비 오는 화요일
핑크빛 우산 속 남녀의 밀담
허리 아래로 들이치는 비가
젖지 않은 그들만의 대화를 도청하고
숨을 고른다
달달한
조곤한
따스한 온기에
녹아든 비는
핑크빛 물감이 되어
소리도 없이 숨어버리고
소문은 소문을 낳고
소문이 퍼져 소문을 들으러
자꾸만 온다

그들의 사랑 얘기를 들으러
핑크빛 우산을 타고 내린
초여름 비는
조심히 그들의 언어를 배운다
속닥속닥
촉촉촉

조만간 장맛비가
촉촉하게
핑크빛으로 온다는
오늘의 일기 예보~

섯알오름 삘기 꽃

알뜨르! 옛 비행장 바람이 잠시 쉬는 틈
새벽별 기운 받아 곧게 뻗은 삘기 꽃
어느새 작은 촛불은 순백의 횃불 피우고

모슬포 칼바람 춤에 못 살 포구 되던 날
하늘이 준 목숨 남의 손에 꺾이던 날
씨앗도 이름도 없이 사라져 간 삘기 꽃

희미한 총성 소리 각인되는 혈육의 정
다음 생 꽃이 되라 빌어주던 학살 터
하얀 꽃 꼿꼿이 횃불 밝힌 삘기 꽃

압력밥솥

모든 건 뜨거움에서 시작되었다
잠시 차가운 세상에 침잠해 있던 나는
거침없이 조여오는 뜨거운 고문에
온몸이 부글부글 끓어오른다
살이 터진다
뭉쳐야 참맛이다
터진 살이 서로를 끌어안는다
짓이겨진 몸들이 하얀 속살을 드러내고
원인 모를 열병을 앓고
고요의 시간이 찾아오면
단 한번 짧고도 깊은 한숨을 몰아쉰다
참았던 시간만큼 온 힘을 다해
쿠 쿠~~
그렇게
우린 익어가는 중이다

쐐기벌레의 변辯

꿈틀꿈틀 자꾸만 몸 밖으로 밀고 나오는 작은 가시들
그 솜털 같은 가시털엔 잔뜩 독이 올라 있다
조그만 움직임까지도 감지하는 더듬이가 생겨나
거슬리는 목표물에 어김없이 독침을 날린다
독을 빼내려 할수록 그것은 더 깊숙이 박혀
온몸이 마비되는 고통을 안겨줄 것이다.
어쩌면 평생을 독을 해독하기 위해 몸부림쳐야 할지도 모른다
나는 애당초 태어날 이유를 갖고 있지 않았다
누군가에 의해 길러지고 조련되어 왔을 뿐.
나는 숙주이면서 유충이며 번데기였다.
언제 어디서든 무수히 많은 가시털로 공격과 방어를 할 준비가 되어있고
불리해지면 모습을 바꿔 숨을 수 있는 방어 능력을 가지고 있다
독을 쏠 때마다 누군가는 나를 쐐기벌레라 했다
점점 서식지가 넓어지고 옭아매야 할 먹잇감들이 득실거린다
나를 배불게 만드는 모든 것들에게서 멀어지고 싶다
독이 나를 점령하기 전에 서둘러야 한다
탈피!
훨훨 마음껏 하늘을 나는 꿈.
다시 자라는 가시털을 거부하고 딱딱한 껍질을 벗는 그 날

한 마리 나방으로 자유를 즐길 것이다
비록……
나방이여도 좋다……

.

엄마와 갈중이

풋감 빻아 쓰디쓰게 물들인 엄마의 갈중이
하루 온종일 흙을 일구고
초록빛에 빠져 살다
해지면 황톳빛 고스란히 품은 채
엄마와 함께 집으로 돌아온다

땀에 찌든 젖가슴이 사그락
주름 따라 접힌 골마다 사그락
무릎 아픈 엄마와 일심동체였나
툭 튀어나온 무릎이 헐렁헐렁
빳빳하고 꼬장했던 온몸에서
풀이 빠져나간다.

뿌린 씨앗은
열매를 맺고 다시 씨앗이 되고, 되어지고
엄마 몸은 펴졌다 다시 구부려지다, 꼬부라지고

갈중이 안에
계절을 가두어 놓았던
엄마
겨울을 준비한다

풋내가신
쭈그렁 갈중이 몸뻬 바지도
가둬 놓은 바람을
미련 없이 겨울에 내어주고
힘없이 펄럭이다,
펄럭이다 그친다

이듬해 봄
감꽃
소복하게 많이도 피어

꽃 진 자리마다
아기 감들 당차게 매달리면

계절 앞서가는
여느 아낙네 손에서
갈중이 옷감 되어
여름 볕 독에 익어가겠지

여섯 개의 점

못 다한 말 대신
……

하고 싶은 말 많아서
……

가시를 뱉는 모난 사람들 등뒤에서
……

기억을 잡아먹는 시간 앞에서
……

힘줄이 눌리도록 꾹 다문 주먹
……

줄이고 줄인 마음의 증명
여섯 개의 점

어김없이 붉게 핀 장미꽃 앞에서
다시
……

백 마디 말 대신 쌓여만 가는 말―줄임표

영원

사람 마음이 한결같을 수 있다면
그대를 사랑하던 그때로 돌아가리오
욕심내지도 주저하지 않고
죽어라 좋기만 하던
그때로 돌아가리오

그대여
사람 마음이 한결같을 수 있다면
반짝이는 눈빛으로 말을 전하고
모든 것이 나를 위해 빛나던
그대를 사랑한 그 순간으로 돌아가리오

사람 마음이 그대로일 수 있다면
미련 앞에
무릎 꿇는 이 시간은 없겠지요

사랑이 전부라는 말
이유 없는 변심 앞에서
무너져 내립니다

독한 옆집 개

헝헝헝
컹컹컹
누런 털로 하늘을 가리고 검은 코는 분노로 축축이 젖은
독한 개가
엄마 옆집에 산다
개가 물 듯이 짖는 건 겁이 많아서 방어적인 행동이라는데
꼬리를 바짝 다리 사이로 감은 그놈 기상은 내가 아무리
눈을 찢으며 위엄 있게
노려봐도 묶어 놓은 줄만 아니면 당장이라도 내 정강이를
씹어먹을 듯 대차다
가끔 본분을 망각한 절뚝이 동네 개가 그 옆을 지나가기만
해도
컹컹컹, 헝헝헝
중국발 흙먼지 미세먼지를 혼자 다 뒤집어쓰고 누런 이를
드러낸다
깨질 듯 쥐어짠 소리로 깨갱거린 절뚝이는 아픈 다리도
잊은 채
있는 힘을 다해 동네 밖으로 달아난다
독한 개가 지키고 있는 집 옆집에 사는 울 엄마
그렇게 사람이 좋을 수 없다며 옆집 주인을 칭찬한다
세상 물정 밝아 돈도 잘 벌어 읍내에 집도 사고 차도 사고
동네 사람들이 조심조심 대한다고….

그러지 못하는 당신이 당연한지 늘 깨갱이다
옆집 개 덕분에 자기 집도 안전하다며 연신 깨갱이다
새로 큰집 올리는 옆집, 우리 집 울타리 반을 자기 땅으로
금 긋는다
자기 집 대문을 절뚝이 개 마냥 살금살금 넘나드는 울 엄마
자나 깨나 개 조심하라 하신다

오늘도……

한 줄
또 한 줄
생각
또 생각
써야지
써 봐야지
이러다
오늘도
끝.
남이 쓴 글 보며
부러워만 하다
오늘도
진짜
끝.

용돈

외할머니 손녀 볼 적마다
꾸깃꾸깃한 손으로 빳빳한 만 원짜리 한 장
살며시 쥐여준다
젖살 빠지기 시작한 손녀
싫어 안 받을래 할머니 용돈 해~~
네게 예금하는 거란다
지금은 네가 쓰고 이담에 돈 벌면
그때 할미에게 다시 용돈 주렴
그럼 공평하지?

위기의 사랑

2차선 불법 유턴
마음대로 켜지고 꺼지는 신호등
일방을 고집하는 위기의 직진
안개가 걷히며 선명해진 경고 수신호
하지만 멈출 줄 모르는 텅 빈 고속 열차
달리는 모든 길이 아우토반 같았던 순간들
로터리를 돌고 브레이크 걸려버린 사랑에
기분 나쁜 마찰음만
끽끽 끽끽끽

이중섭

오늘도 어김없이 그 자리에서
누군가와 시선 맞추는 그
짙은 검은색 머리에
살짝 올라간 눈썹
광대뼈 가까이 올라간 입꼬리
그 사이로 새어 나오는 미소
다시 보게 돼 반가운 양 오늘은 더 활짝 웃는다
어제도 그제도 오늘도
하얀 벽만 바라보는 남자
타인의 사랑을 먹고 사는 남자
결코 내 것이 될 수 없는 남자
그 남자의 웃음이 얄밉다
매번 만날 때마다 실연을 주는 남자
그 옆엔
그를 닮은
붉은 소
한사코
앞을 가로막는다

축축한 흙냄새에 이끌려

축축한 흙냄새에 이끌려
새벽이슬 밟던 지렁이
생의 한복판에서 뜨거운 여름 볕에 육신을 짓밟혔다
타 죽은 지렁이를 피해 비틀거리는 발굽들
장사 지내지 못한 지렁이 가족들은 남몰래
소리 없는 울음을 삼키고
납작 말라가는 몸뚱이에 쏟아지는 열기는 지칠 줄 모른다
옴 붙을까 뒤돌아 퉤퉤
더러워서 퉤퉤
뱉은 침들이 순식간에 말라붙는다

생의 끝자락을 잡고 거리로 나선 김복동 할머니
검붉게 달아오른 일장기 앞에서
바짝 마른 몸뚱이를 안고
온몸을 다해 꿈틀대 본다 소용없는 외침
속이 타다 타다 한 줌 재로 뿌려진 허무
이글거리는 태양이 머리 정중앙에서 떠날 줄 모른다

올여름 눈병이 유행이다
침 바르면 낫는다는 헛말
지렁이보고 더럽다 뱉은 침
이번엔 약이 되어 내 두 눈에 발린다

비린 탓일까 두 눈에 누런 눈곱이 가득
세상 모든 것이 아른거린다

할머니 가고 없는 길
수많은 사람 짓무른 눈물은 시야를 흐리고
고약한 여름 해는 여전히 모든 종種을 태워버릴 듯
발가벗었다

치명적인 실수

쓰고 고쳐 쓸 새 없이
보내고 만 문자

주저하며 보내지 못한 편지
고치고 또 고칠 때
보내고 만 문자엔
치명적인 한마디,
보고 싶다

꾹꾹 눌러 쓴
밤 편지 핑크빛으로
물들 때
부릅뜬 눈으로
보낸 문자엔
치명적인 한마디,
사랑해

조심스러운 가슴보다
한 발 빠른 손가락
너와의 끝은
내일을 믿지 못하는

하루살이 같은
내 욕심 탓

컵 받침

내 몸은 딱 너만 해
너를 위해 태어났으니까
흐트러지지 않으려 온몸을 둘러가며
한 땀 한 땀 바느질을 했지
하얀색이 부담스러울까 봐
알록달록 꽃무늬도 새겼어
처음 무거웠던 네 몸이
조금씩 가벼워지기 시작하면
바짝 눌렸던 숨을 몰아쉬지
한 번씩 진한 갈색 커피가 내 몸을 적시면
달고 시고 쓴 향기를 담아 그림을 그려
그리곤 찻잔이 비워지면
또 다른 이의 입술을 기다리는 너처럼
나 또한 너를 기다리지
만남 뒤에 헤어져야 하는 시간이 있지만
그 시간마저 행복한 건
꼭 다시 만나리란 믿음이 있어서야
네 몸에서 느껴지던 따스함이
오래오래 식지 않고 시간을 거슬러
너에게로 가는 길을 기억하거든

내 몸은 딱 너만 해서……

알고 있니?
난 네가 있어야
존재할 수 있다는 걸

토끼와 개똥벌레

어린 시절 별을 쫓던 토끼 소녀는
풀숲에서 특별한 반디를 만났어
쉿!
나만 아는 그들만의
비밀스러운 얘기를 들려줄게

우주가 하늘이고 하늘이 세상 전부라고 알던 소녀는
밤이면 칠흑 같은 세상이 싫었고
낮보다 더 강한 인공 불빛이 싫어서
가장 빛나는 별을 찾아 나섰어
모두가 깜깜하다 무서워 몸을 숨겼지만
소녀는 겁을 모르는 별난 아이였지
그래서일까
사람들에게 알비노라고 놀림을 받고 따돌림을 받았어
그러던 6월
풀 내음 가득한 푸른 밤
반짝반짝 빛을 내는 반디를 만났어
'넌 어떻게 이런 빛을 갖게 되었니? 별이 떨어져서 환생한 거야?'
푸른 빛 조그만 벌레가 대답했지
나는 이른 저녁 가장 반짝이는 샛별도 아니고
소원 이뤄주는 북두칠성도 몰라

사람들은 나를 개똥벌레라 불러
예전엔 개똥참외만큼 곳곳에 친구들이 많았거든
이젠 내 짝 찾기도 힘들어졌지만…
개똥이란 이름이 맘에 들지 않아서 방방 뛰기도 했어
동네 막 키운 개 이름 같아서…
그래도 괜찮아
나를 보고 환하게 밝아지는 동심을 볼 때면
세상 다 가진 듯 힘이 나거든
내 엉덩이 불빛을 나는 보지 못하지만
누군가에겐 어둠 속에서 찾은 한 줄기 빛일 수도 있으니까

이제부터 너만을 위한 반딧불이 되어줄게

네 맘속에 오랜 빛으로 남아
6월이면
가장 낮은 곳에서 빛나는 북극성이 돼줄게

그 후 소녀는 길을 잃을 때마다
특별한 반딧불을 생각하며
꿈을 밝혀주는 토끼 소녀가 되었대

평대극장
― 천명관의 '고래'를 읽고

나는 푸른 바다가 아닌 보잘것없는 바짝 마른 땅에 산다
나는 사람 손에서 태어나 사람 손에 죽는 비극의 주인공으로
태어났지
나를 세상으로 초대한 금복은 요상한 여인
남자도 아니면서 치마보단 잘 다려진 양복을 입고
진한 화장 냄새나는 기생집을 들락거리는 건 기본
담배와 술은 그녀의 오른팔과 왼손에 문신처럼 새겨지고
하나밖에 없는 딸 춘희는 봄꽃처럼 잊혀져 가지

나는 동네의 명물
유일하게 매스컴을 타고 사람들을 끌어들이고
족보 있는 개는 내 앞에서 납작 엎드리지

나는 거대한 고래
누구든 나를 만나면
가난도 고난도 슬픔도 잊게 되지
물론 죽음의 기억들도 잊게 돼
금복은 내 뱃속에다 모든 걸 숨겼지
산골 마을의 삶과
핏덩이를 안고 죽은 엄마의 기억과
미움마저 함께 저세상으로 가져간 아버지의 기억까지
그래서 난
매일 배가 불러 토해내고 있어

저 거대한 스크린에 영화라는 이름으로…

그러던 어느 날
모든 배우들이 내 안에서 영화를 누리던 때에
말도 안 되는 일이 생겼어
절대 내 탓이 아니야
누군가가 내 몸에 기름을 붓더니
금복의 담배 불씨를 끌어들이더라고
그걸로 끝이었지
고래 심지에 붙은 불은 모든 걸 태우더니
마지막 불씨마저도 사그라들 줄 모르고
모든 걸 태워버렸어
사람들이 애써 만든 거친 땅의 부스러기들마저도

누구나 예상하는 영화의 결말? 생각나?
유일한 목격자 춘희는 어땠을까.
침묵. 침묵. 침묵…

난 그렇게 푸른 바다가 아닌 거친 땅에서
숨 쉬다 숨을 멈췄어
그 시절에 난
고래가 아닌
평대극장이었던 거야

평화로 버스

배가 물이 아닌 뭍으로 올라왔다
발밑 흔들림은 엔진 소리에 맞춰
드렁드렁거리고
노쇠한 몸은 통통 소리 내며 평화로 길 따라
넘실댄다
좌우로 헤엄쳐 지나가는 푸른 고래들은
눈을 마주치기도 전에 스쳐 가고
뱃전에 떨어지는 빗물을 긴 더듬이 두 개가
시간 맞춰 닦아낸다

고속정 엔진 소리에 귀는 멍해지고
손을 맞잡은 연인들 소곤거림은
들릴 듯 말듯
멀미에 잠든 아저씨
코 고는 소리는
닐니리 전화벨 소리에 묻히고
표정 변화 없던 선장 아저씨
가끔씩 벙긋거리는 입엔
요즘 잘나가는 트로트가 붙는다
엄지척, 엄지 척척

150번 등판을 단 우리 배는

종점을 향해 가는데
가끔씩 참지 못하겠는지
피시식하고 지친 한숨을 내쉰다
어여 가자
저 산방산 너머 푸른 바다 보이는 곳에
내 님 오매불망 기다리고 있단다
가서 제대로 안겨 보자꾸나

해바라기

단 하루도 너를 사랑하지 않은 날이 없었다
오늘도 너를 품는다
내일도 또 내일도 네 이름을 부를 것이다

닿을 듯 말 듯
자꾸만 나를 피해 달아나는 너를 붙잡으러
고개 한번 돌리지 못하고
퇴색되어가는 내 얼굴
넌 저만치서 다른 사람과 눈을 맞추며 웃고 있지
그대 눈을 가려야만 알까
빛이 없는 어둠 속에서 타들어 가는 내 마음을

해장

어제 한 잔
그제 두 잔
오늘은 해장
날이면 날마다
술고래 잡으러
포경선 잡아 타고
어여차 어여차
망망 주해酒海방황의 돛
태어남이 무엇인가
인생 막장 쓰디쓴 맛
넘치도록
잔을 채워라
기세 좋게
건배
쯧쯧
나 세상에 대고 울어 재낀 날
하필이면
기묘년 술 시

제3부
그럼에도, 가을

그럼에도……

손바닥이 붉어진다
혈류가 터진다
혈관에 주사기를 꽂아
푸른 여름의 기억을 주사한다
눈부심과
욕망의 한가운데
새파란 피가 흐르던 내가 있었다
그것은 도발이었다
나를 기억하기 위한 몸부림
처연을 가장한 유혹
결코 끝날 것 같지 않던 나의 생
어느 날 바람이 말을 했다
넌 말야
한동안 휘청거릴 거야
한동안 비틀거릴 거야
그러다 온몸이 뜨거워질 거야
살이 타는 아픔, 목마름이 찾아올 거야

혈관을 타고 흐르던 기억
마침내 마지막 숨을 불어 넣는다
불붙듯 치달았던 생의 기억 속으로

그곳에 절정이 있었다.

19호 태풍 솔릭

어느 조련사의 실수였나
19호 야수가 어둠을 틈타 마을을 습격했다
성난 호랑이 떼와 같이 울부짖으며
고목을 쓰러뜨리고 길길이 날뛰었다

야수가 남긴 발자국은
하늘길에 생채기를 내고
바닷길에 난 상처에선
계속해서 거품이 일었다

사람들은 그를 가리켜 집채만 하다 했고
눈에 띄면 위험하다며 집안에 꼭꼭 숨으라 했다
무시무시한 숨소리가 바로 귀 옆까지 들리고
어른 아이 할 것 없이 숨죽여 조용히 물러나 주기를
하늘에 빌었다

그를 잠재울 포수를 구하는 동안
순한 바람이 야수를 달랬다
'네 탓이 아니야'
'네 잘못도 아니고'
'내가 사람들에게 잘 얘기할게. 네가 왜 탈출했는지…'

다음날 새벽
마을 사람들이 바람에 물었다
누구였냐고
바람이 대답했다
내 친구 '솔릭' 이라고

마을 사람들이 바람에 물었다
왜 왔냐고
바람이 버럭 화를 냈다
온실가스에 숨이 막혔대요
사람들~ 제발 정신 좀 차리세요

그땐 몰랐던 거야

지난가을
메마른 그녀의 비상을 보았지
곱게 다려진 주홍색 옷을 입고 춤을 추듯 그렇게
차가운 빗물에 그을린 아스팔트는
너울대며 그녀를 안았지
나는 두꺼운 옷을 입고 새봄이 오길 기다리고 있었어
웅크린 내 모습이 얼마나 보잘것없어 보이던지
빨리 새봄을 지나 새 여름을 지나 가을이 오길.
드디어 봄이 왔어
선명한 생명선과 햇살을 받아 반짝이는 작고 연한 손
난 누구보다 푸르렀지
살짝 스쳐 간 바람은 기분 좋게 휘파람을 불었고
잠깐씩 비껴간 햇볕은 아쉬운 듯 다시 찾아와 어루만지고
새들은 그늘 아래서 사랑 노래를 불러댔지
하지만 행복하지 않았어
아니 행복이란 걸 몰랐던 거야
지난가을 아름다웠던 그녀 모습만이 내 머릿속에 가득했거든
그렇게 시간이 흐르고 몸 여기저기 노란 얼룩이 피기 시작
했어
이제 나도 춤을 출 수 있게 된 거야
바람이 불고 물러갈 때마다 내 몸은 점점 야위고 후 불기만
해도 떨어질 것처럼

휘청거려
내일은 비가 올 것 같아
마지막 준비를 해야겠어
근데 참 이상하지?
왜 자꾸 지난날들이 점점 더 선명하게 눈에 아른거리는 걸까?
질긴 실핏줄처럼

하나만 부탁할게
내가 떨어지면 곱게 펴서 책갈피 사이에 끼워 줄래?
내가 밤낮 꿈꾸며 기다린 날이 추락이 아닌 추억으로 기억될 수 있게

다비식

뜨거운 김이 훅 들이친다
갓 지은 밥은 전분 향으로 가득한데
하얀 세상 속 티끌 하나가 눈에 걸렸다
밥알 찰기에 붙어 밥그릇에 담긴 그것은
죽는 순간까지 정체를 감추고자 몸을 숨겼던
환영받지 못한 포식자. 쌀벌레.
그 뜨거움 속에서.
다릿마디 하나 꺾인 데 없이 고운 모습으로.
삶을 반납했다
천천히 달궈진 솥 안은 다시 만난 신세계였을까
따뜻함에 마음을 빼앗겨 새어 나가는 숨을 붙잡지 못했던
걸까?
손발을 모으고 모로 누워 있는 쌀벌레 사체는
다비식을 앞둔 스님의 밤잠처럼 평온하다
쌀이 터지는 열기 속에서
열반에 든 그놈이 부럽기까지 하다
하얀 군중의 호위를 받으며 가는 길 만큼은
초라하지 않았을 그놈

벌레보다 못하지 않게 살아야 될 텐데
쌀벌레의 사리를 골라내는 이 순간
젓가락을 쥔 손이 떨린다

님의 마음

별 없는 하늘은
속이 알 수 없는 님의 마음과 같아
내 마음은 끝을 알 수 없는 절벽

별이 뜨면 금세
내게로 쏟아져
클림트의 황금 옷을 벗겨낸다

별은
끝없이 이어지는 터널 끝에서
보이는 한 줌 희망의 빛

유성이 지나간 자리
기도로 채워진 빛나는 별 하나
어둠을 몰아낸다

달달해

잘 익은 사랑을 하고 있습니다
너무 달달해 쓴맛을 잊어버리고 있지요

설익은 풋감은 혀를 마비시켜 버리지만
잘 익은 홍시는 손님 까치도 도둑이 되어 돌아가지요

많고 많은 사랑의 말들 중
달달한 말은
당연 사랑해입니다

그 크고 넓은 사랑 바다에
달달하게 빚은 입술 시럽을 넣고
눈빛 속에 가득했던 별사탕을 한가득 쏟아 넣어
고단함으로 매일 암흑 같았던 쓴맛을 없애고
나만을 위한 사랑해가 됩니다

풋감이 홍시가 되어 빨개지듯
달달한 사랑이 잘 익고 있습니다

너무 달달해 쓴맛을 잊어버리고 있지요

된장찌개와 카르보나라

어제 끓인 된장찌개
자꾸만 양보하는 식구 덕에
데우기만 수십 번
나는 요리계 하수
어떨 땐 크고 어떨 땐 작은 원칙 없는 손대중
누군가는 파송송계란탁으로 요리 고수라는데
대장금의 마음으로 부엌에 입문한 지 십수 년째
재료는 당연히 남보다 한 종류 더
양념 최대한 듬뿍듬뿍
싱겁게, 맵게, 짜게, 다시 싱겁게
십 년이 가도 변하지 않는 맛
높아져 가는 원성
끝내 이루고픈 고수의 경지
하지만 날로 쏟아져 나오는 무림강호 요리들
내가 김치전 뗄 때 강호엔 피자
내가 콩나물 무칠 때 강호엔 아구찜
내가 국수 삶을 때 강호엔 카르보나라
내가 샐러드 발음할 때 강호엔 케이준 샐러드
내가 빵과 우유로 때울 때 강호엔 햄버거 콜라
절대 이길 수 없는 집 밖 음식의 유혹
그 덕에 우리 가족 외식비 오름차순
오늘은 한식

어제는 양식

어제 끓인 된장찌개
데우기만 수십 번

마지막 잎새

이제 누구의 희망도 품어줄 수 없다
누렇게 간간이 끊기던 맥은
오랫동안 흔들린 탓에 마디마디 꺾여
여기저기 옹이가 지고
지나던 뜬바람이 살짝 스치기만 해도 바스락거렸다
어느 밤 역풍이 벽을 무참히 긁어대던 날
마지막 담쟁이는 끝내 나고 자란 품을 떠났다
공중제비를 몇 바퀴 돌고 나서 겨우 기댄 누런 담벼락
혼자 사는 할머니 집 흙벽 틈새 사이로 투명한 햇빛이 들고
있었다
그 틈 사이로 발을 뻗은 어린 잎새 가족
흙벽을 타고 연초록빛 달음질을 하고 있다
깔깔깔~ 누군가의 희망이었을 내가 웃는다
난 결코 마지막 잎새가 아니다
어린 잎은 계속 흔들리고 떨어지겠지만 어디선가 또 움틀
것이다
그림 속 움직이지 않는 희망이 아니라 흔들리다 떨어져도
보란 듯
기운차게 뻗어 올릴 작고 푸른 손

누군가의 희망이 되고 길벗이 되어주던 마지막 잎새는
그곳에 남았다

스러져 사라지겠지만
흔들리며 맞서는 또 다른 마지막 잎새의 비상을 응원하며…
그리곤 기억을 되짚어 푸른 물을 끌어올린다
희망의 불씨를 품은 어린잎을 위해 마지막 숨을 불어 넣는다

박쥐

어두운 밤을 기다린다
거꾸로 솟은 피를 식혀줄
축축한 비린내 나는 바람과
핏빛으로 터질 것 같은 태양이
어둠 속에 잠기면
허락된 시간이 찾아와
감추었던 날개를 펼친다

소리 없는 날갯짓
낮과 밤을 가르는 기함
눈이 있어도 보지 못하는 삶
거꾸로 보는 세상은
피가 몰리는 일들 뿐
그대 미래가 보이지 않음을 탓하려는가
날개가 있다면 날 것이다
하루 중 단 한 번 한순간이면 족하다
이 시간을 위해 긴 시간 매달려 버텨온 시간
이제
지금
곧
자유의 열망을 안고
어두운 밤 창공을 향하여

활공한다
비록 눈물로 얼룩진 거친 밤일지라도

불면

암과 흑
적막 속
뒤척임
숨소리조차
태풍 같은
시간
생각이
생각을
버무리고 엉켜
서사는 서서히 진행되고
현실과 비현실
그리고 초현실의 접점
위태로운
장면과 장면
손에 땀을 쥐고
새벽빛에 드러나는 클라이막스
눈꺼풀이
어둠속으로
막
진입한다

사랑은

사랑이 왜 무서운지 알아?
변하니까
사랑이 왜 웃긴지 알아?
변하니까
사랑이 왜 장난인지 알아?
변하니까
그래도 왜 사랑하는지 알아?
영원할 것 같으니까

시인의 꿈

글의 씨앗을 뿌려
세상에 알리고픈 굶주린 시인의 욕망
나이기에 가능하리라
나이기에 할 수 있다
나이기에 해내리라
나이기에…
서툰 자신감으로 써 내려간 삶의 글
그러나
씨앗은 뿌리를 내리지 못했다
그저
가을 끝자락 이름 모를 가지에 매달린
나뭇잎처럼 흔들거리기만 할 뿐

여름의 고비와
겨울의 설레임 사이
단 하나의 간절함으로
글의 씨앗을 뿌린다

자청비의 메밀 씨처럼
투박한 땅에 뿌리 내려
잊혀지지도
사라지지도 않을
지고지순의 꿈을 꾼다

아들을 지키며

그 방에선
환자복 입은 사람과 입지 않은 사람
혼자 걷는 사람과 링거대 잡고 걷는 사람
세상을 티브이로 보는 사람과 문밖 세상을 온몸에 품어오는
사람
오랜 고통에 늙어버린 사람과 잠시 슬픈 젊은 사람
간병인이 밤을 지켜주는 사람과 혼자서 견뎌내는 사람
매일 아침 젖은 수건으로 대충 닦아 얼룩진 얼굴로
가~~~~끔 오는 면회객을 기다리며
망부석이 되어가는 사람들이 산다

딴 세상
흐려진 눈에 가득한 단상만이
그들도 나와 같은 세계에 있었음을……

사계절 푸르딩딩한 이불을 덮고
같은 방 같은 창밖 풍경에 갇혀있는 사람들
오로지
삼시세끼 따라 시간이 흐르는 곳—

그 안에 잠깐 세 들었다

아프지만 말아라
엄마의 기도가 잠시 비껴가 버린 탓일까
힘든 수술 끝낸 아들
제발 잠깐이길
간곡해지는 기도

계절이 바뀌기 전에
꼭 나가자
네가 있을 곳은 여기가 아니기에

후회와 미안함과 안도 그리고 감사
감정의 교착 선에서
점점 지쳐가는 육신
그 건물 지하에서 밥을 먹는다
꾸역꾸역
자꾸만 정체 모를 덩어리가
식도를 타고
역류한다

엄마와 카레

겨울 무사히 나고 벚꽃길 따라 방문하신 울 엄마
엄마! 맛난 카레 해 줄게
살짝 들뜬 맘으로 뚝딱뚝딱
아야!
잘게 잘린 감자 끝에 퍼진 선홍색 핏물
.
.
.
내가
괜히 왔구나
나 때문에…
뭣 하러 당신을 위해 그딴 걸 하냐며
봄꽃에 설렌 자신을 탓하신다
도마 위 노랗게 질린 감자들만큼이나
놀란 엄마 가슴
갓 생긴 생채기가
벚꽃만큼이나 빠르게 피고 있다

잘못된 욕망

가끔 코피가 터지길 바란다
아직 한 번도 터진 적이 없다

내 몸이 도발한다
가끔 똥꼬가 코 흉내를 낸다

선명한 피가 뚝뚝 떨어져
변기 물속을 빨갛게 물들인다

잘못된 욕망이 제자릴 잃었다
방치된 사랑이 엉뚱한 곳에서 곪고 있다

엄마의 보청기

반평생 술 취한 아버지 욕 섞인 주정에
귀를 닫고 사시던 어머니
일부러 안 듣고 마는 줄 알았는데
습관은 고질병이 되어 귀가 멀어버렸다
아버지 돌아가시고 이제는 세상 깨끗한 소리 들어보시라고
거금 일백만 원 들이고 장만해준 보청기
별것도 아닌 일에 까르르 까르르 아기만큼 웃음이 잦으신
어머니
왜 이리 재밌는 얘기가 많냐며 하하호호
그동안 어떻게 안 듣고 살았는지 모르겠다며
딴 세상 같다 좋아하신다
그렇게 갓 피운 어머니의 웃음꽃

엄마~
……
엄~~~마!?
응?
엄마 보청기 안 했어?
그게… 김매다 잃어버려서…… 어떡한다니
밭을 두 바퀴나 돌아가며 찾아도 못 찾겠구나
그 비싼 걸 잃어버리면 어떡해! 조심하지
김 다 맨 고랑과 이랑을 두 번 세 번 오고 갔을 엄마 모습

난 분명 엄마가 불쌍했는데 화가 터졌다
김 맬 땐 빼 놨어야지 무슨 말 듣겠다고 보청기를 한 거야?
그러게 그래야 되는데… 내가 주책이지……
다시 보청기 없이 사시겠노라며
잃어버린 당신을 원망하신다

왜 내가 하는 말은 보청기 없이도 잘 들리시는지
가시 돋친 말은 엄마 귀를 콕콕 잘도 찔러댔다
그깟 백만 원에, 돈이라는 셈법에
막 열리던 엄마의 세상은 다시 닫혀버리려 한다
제구실 못 하는 내 입은
갓 피운 엄마의 웃음꽃을 꺾었고 주름 꽃을 불러왔다
이랑과 고랑에 찍힌 발자국만큼 마음고생 했을 엄마
내일 당장 보청기 하러 가자
이번엔 땅속 개미 소리도 들을 수 있을 만큼 좋은 걸로 해줄게
두 개 세 개 아니 백 개라도 해줄 수 있어
엄마 웃는 얼굴이 내겐 천만 배 값진 보청기니까

여행가는 날

흐트러진 머리칼
시간은 째깍째깍
빠뜨린 건 없어야 돼
내 맘은 콩닥콩닥

오늘은 풍경 속 빛바랜 조연되어
가을 하늘의 흰구름 되어야지
북적북적한 공항 안 사람들
나를 모르더라도
반갑습니다, 어디가세요?
눈으로 건네는 인사

흥분으로 꽉 찬 캐리어
졸린 눈 비빌 때
살며시 승무원에 맡기고
빠르게 탑승

배가 빵빵 부른 비행기는
마지막 승객을 태우고
기염을 토한다

멀어지는 섬,

짙푸른 한라산이 금세 몸을 낮춰 배웅하고
바다는 끝까지 에스코트하다
하늘에 나를 인도해주면,

나는 꿈을 꾼다

맨발로 팔 벌려 웃고 있는 나
삐~~~~ 화면 정지
허둥지둥 거리는 남편과
갈팡질팡하는 아이들
엉망진창 되어가는 집안
나는 지금 여기 어디?

은행銀行과 은행나무

비가 내린다
제주은행 앞에도 비가 내린다
입속으로 스민 비
비린 맛이 난다
은행銀行에선 노랗고 파란 물결이 넘쳐난다
너도 부자
나도 부자
부자 아닌 사람이 없다

저만치 헐벗어 가는 은행나무
떨어진 열매를 피하며 얼굴 찌푸리는 사람들
나무도 한때 노랗고 파랗게 일렁거렸음을 그네들은 알까
나무는……
향기롭던 세월 지나 한 잎 두 잎 보내고
지독한 냄새만이 발에 채인다

핏기 빠진 욕심들은 은행銀行에서 일렁이고
노랗게 황달 진 사람들은
길을 잃고
익숙한 돈 냄새에 이끌려
좀비마냥 허우적거린다

비가 내린다
설을 앞두고
비릿한 비가
끝도 없이…

줄넘기

세월을 넘는 줄넘기
단발머리 아이 적엔 사뿐
스물 꽃다운 청춘은 훌쩍
사십엔 휘청
오십엔 삐끗
어느덧 육십이 코앞
뭐니 뭐니 해도
어물쩍~ 넘어가는 게 제일!

짧은 대화

띠리리링~
여보세요?
바쁘니?
아니~ 이제 일어났어
그럴 것 같아서 늦게 전화한다고 했는데~
더 잘 거니?
아냐~ 이제 일어나야 돼
엄마도 내 나이 때 잠 많았어?
자고 싶은데 잘 여유가 없어서 불 때다가도 졸고 그랬지
애 재우다가 내가 더 졸려서 꾸벅꾸벅 졸기도 했고,
푹 자보는 게 소원이었다
내가 엄마 닮아서 잠이 많구나?
근데 이젠 자고 싶어도 못 잔단다
나이가 드니 잠이 안 오네
자고 일어나면 새벽 두세 시
다시 잠들기도 쉽지 않고, 자고 싶을 때 잘 수 있다는 건 큰 행복이다
그래서일까 자고 있을 딸 깨우기 싫어
이른 시간 피해서 전화하는 엄마
나이 들기 전에
실컷 자 두라며
짧은 대화 남기고
신호음만 뚜~뚜

천생연분

일상에 지친 남편
유일한 꿈 로또
꿈의 숫자 여섯 개
토요일이 오기까지 신주단지 모시듯 고이 품었던 종이 한 장
나를 그렇게 모셔 봐
떡이라도 하나 더 나오지
토요일 저녁 8시 45분
곱게 동그라미 친 숫자는 세 개를 넘지 못하고
구겨진 종이는 떼구르르 굴러 고양이 장난감으로 전락
느는 흰 머리만큼이나 늘어가는 복권 속 행과 열
더 이상은 봐주지 못 할 인내의 한계
그 오지 않을 운이나 붙들고 사셔
욱하는 마음에 나와 버린 집

여기 기웃 저리 기웃
돈이라도 많으면 갈 데라도 많을 텐데
버스 승차대 뒤 복권명당 팔자 상회
아줌마~ 로또 두 장만 주세요

하루살이의 죽음

하루의 무게를 다 헤아리지 못한
그놈을 죽였다
생각할 틈을 갖지 않고
한 치의 망설임도 없이
한 주먹 값도 안 되는 그것을
검지손가락 하나로
온몸을 짓뭉겨
없애버렸다
기도할 틈도 주지 않았다
비명도 없었다
반항도 없었다
기쁘게 죽어주는 느낌
식어가던 체온 0도
흔적 하나 남기지 않은 죽음

그렇게 그놈은 잠시나마
내 손등에
버젓이
살아있었다

햇살 사이로

구름 사이 햇발이 내리면 다음 날은 날씨가 풀리는 법이지
추수 끝 반갑지 않은 비 날씨에
근심 끼던 어머니 주름이 풀리신다

추운 겨울 스며든 바람에 약해진 뼈로 병원 신세 두 달째
삐걱거리는 몸을 추스르며 집으로 모셔 오는 길
산방산 너머 커튼처럼 드리워진 햇발에
어머니가 웃으신다
곱구나! 고와~
날이 좋아지겠구나
다시 일상을 찾으시는 엄마에게도
굴곡 없는 햇발이 자주 내렸으면 좋겠다

제4부
바람에게 묻다. 겨울

대꽃이 피고 난 후…

그 어느 때
나는 알지 못한 날에
누군가에겐 잃어버린 고향 옛터, 자리 왓!
아직 떠나지 못한 바람이
대숲에서 허우적거리는데
참새떼 후드득 날아올라
갈 길 잊었던 섬 바람을 깨우면
문득 사람의 온기가 아득해지지
어른과 아이들 웃음이
섬 바람 재촉에 하나둘 더해지고
마침내 하나 되어 부르는 생의 소리
사르리~ 사르리~
바람의 지휘에 맞춰
살으리~ 살으리

대나무 굳은 심지
돌담길 따라 빈집 터를 향해
조심스런 발걸음을 놓는다

겨울비가 오기 전 제주는 그 어느 때보다 시리다

한라산이 뚜렷하게 보이면 비가 온다던
언제인가 무심히 흘려 들었던 말
초봄 같은 겨울 날씨에
설마 비가 오려나 싶은데
산방도서관 앞마당
벚나무 가지 끝에서 균형 잡은 작은 새
한라산을 보는 두 눈이
달랑거리는 단추 마냥 불안하다
붉은 몸으로 떠오른 아침 태양
제 몸과 땅이 수직으로 만나는 시간
하얗고 빛나는 깃을 구석구석 흩뿌려
센 겨울 속 느껴보는 따뜻한 온기
새 꿈을 꾸는 벚나무는
시도 때도 없이 나오는 잠꼬대에
큭큭 큭큭 간지러운 웃음을 웃어대고
몇 장 남아 있지 않던 나뭇잎
따라 웃다 허리 휘어 나폴거린다
그 모습 훔쳐보던 옆집 감나무
홍조로 물들어 급히 잎 떨구고
이제 필까 저제 필까 고민하던 소국
지금인가 싶어 살며시 봉오리 터트리면
세상 뒤척임에 놀란 작은 새

푸드덕
한라산을 향해 힘껏 발돋움한다

겨울비가 오기 전 제주는 그 어느 때보다 눈이 시리다

108동 주차장의 겨울

주인 없는 작은 발 하나 찍혀 있는 눈 쌓인 주차장에
내 발 하나 더 남깁니다
작은 발 옆 포개질 듯 비켜 찍은 내 발은 추위에 못 이겨
그대로 굳어집니다.
그 옆으로 빗살무늬를 가진 자동차 바퀴 자국은 내리는
함박눈을
그대로 받아들이더니 게 눈 감추듯 먹어버립니다.
조금 아껴두며 남겨두길 바래보지만 추위에 지친 배고픔
탓인지
싹싹싹~ 잘도 녹여 먹습니다.
그 모습을 노오란 가로등 불빛이 재밌는 구경거리나 되는 듯
게슴츠레한 눈으로 바라봅니다.
그나마 조경수 작은 잎들이 하얀 눈 하나하나를 모으고 모아
예쁜 목화꽃들을 피워냅니다.
그러다 자기 몸보다 많은 무게를 이기지 못해 떨어뜨린
어린잎들은
조심스레 다시 차가워진 손을 내밉니다.
빨갛게 빨갛게 더 빨갛게 될 때까지 빨강을 탐닉하던 먼나
무가
오늘따라 더 붉은색으로 띠며 흰 눈을 현혹합니다.
나랑 너랑 환상적인 궁합이 될 거라며 내게 오면 더 빛나게
해줄 수 있다고 달콤한 유혹을 합니다.

솔깃한 함박눈들이 먼나무로 너도나도 몰려듭니다.
빨간 열매에 달라붙은 눈들은 앵두를 머금은 솜사탕이 되어버렸네요
진짜 아름다운 환상적인 궁합이 맞나 봅니다.

내가 찍어 놓은 발자국에 한가득 다시 눈이 쌓입니다.
그 푹신한 신발을 신어 보고픈 마음에
그 자리에 내 발을 맞추어 봅니다.
뽀드득~ 딱 맞네요. 그대로 신고 가버려도 될지 우물쭈물 하는데 빵빵빵~ 내 뒤에서 자동차 바퀴가 이제 내 차례라며 빨리 비키라 핀잔을 줍니다.
눈 내린 108동 주차장의 겨울은 이렇게 그들만의 정원을 가꾸고 있습니다.

나밖에 모르는 나쁜 년

밥 먹으라 했는데
안 먹겠다 했다
사과라도 깎아준다 하는데
됐다 했다
빨리 낫길 바라는
애절한 눈빛 삼켜버렸다
다 큰 어른이니 알아서 한다며
신경 끄라 했다
할머니는 엄마를
세상에서 제일 좋아하는 것 같애
늘 엄마 걱정만 해
딸애가 말했다
아….
나밖에 모르는 나쁜 년

먹고 싶은 거 없냐는 말에
없다며 짜증냈다
무어라도 먹길 바라는 눈빛에
머리 돌려 외면했다
빨리 낫길 바라는
애절한 눈빛 삼켜버렸다
다 큰 어른이니 알아서 한다며

신경 끄라 했다
할머니는 엄마를
세상에서 제일 사랑하는 것 같애
늘 엄마 걱정만 해
딸애가 말했다
아….
언제 철드니 나쁜 년

동백

뽀짝 타들었던 마음 다음 생 꽃이 되어
길손 눈길 부여잡는 동백
떨어진 살점
한 겹 한 겹 이어붙이고
나무 끝에 바짝 붙어 핀
육사시미를 닮은 꽃
목숨 줄 부여잡고 버티다
샛노랗게 질린 입술로
소리 없이 고개 툭 떨군 꽃대
그
럴
지
라
도
음력 2월 샘난 바람이
사정없이 몸통을 헤집고
온갖 잡새 발길질에도
살아있음과 다르지 않게
꼿꼿이 하여…

함께 죽어간 넋
한 줌 같던 목숨 부지랭이

각인된 아픔들이
하나둘 포개고 포개진다
생의 미련 앞에서
피어 있으라 피어 있으라
시들지 않은
붉은 입술로
숨이라도 크게
쉬어 보자

나무에서 진 꽃이라고
밟지 마라
아직은…
기구했던 한 생
한숨 붙어 내뱉고 있으니

마중

어머니 살아 생전에
하얗게 온 세상 덮은 눈을 보시면
꼭 하얀 국화꽃 같다 하시며
홀린 듯
창 밖만 하염없이 바라보시곤 하였다
그대 머리에 하얗게 핀 서릿발이
버겁기라도 하신 걸까
흰눈 속으로 스며드는 참한 빛을
고요한 그대 눈 속에 소복소복 담으신다

고운 눈이 온 세상을 덮으면
꽃같던 어머니,
고운 어머니가 오신 듯
자연스레 창밖을 향하고
거기엔 햇살을 가득 머금은 눈이
엄마 품처럼 반짝거리고
작은새가 남긴 발자국이
간 길 따라 조그만 길이 난다

아무도 가지 않은 길,
그 길을 가신 어머니
하얀 눈이 내리는 날이면

눈이 마중을 한다

어느새 내 머리에도
잿빛 눈이 소복이 내리고…

모슬포 오일장

매달 1일, 6일이면
바람이 쉬어가는 모슬포에
오일장이 열리지
5일마다 장이 서면
엄마 생각 듬뿍듬뿍
마트에서 한 덩이에
만 원인 수박이
오일장에선 반값
'깎아주지 않아도 됩니다게~'
오고 간 실랑이 끝에
기어이 천 원 돌려주시는
생명선 희미해진 할머니의 손
"단골이난 깎아주는 거주게~ 아무에게나 영 안 해줘~~"
시집살이 호될까
사위 손
꼭 잡으시던
친정엄마 두 손이
참외 하나 더 얹혀주시는
할머니 두 손과 닮아
달아오른 내 손이 부끄러움에 어쩔 줄 모르고
겨우 셈이 끝난 할머니와 나
"다음 장에 또 오쿠다예~"

쌓인 정
에누리 없이 돌려주며
대를 이어
단골 되는
모슬포 오일장

바람을 품은 마을

바람이 길을 잃어 머문 마을, 모슬포
강풍이 부는 날엔 구석구석 헤집어
방파제 틈마다 우엉우엉 옛이야기 쌓이는 곳

구름도 피해 가는 이 사연 저 사연에
산바람, 들바람, 돌 바람
울다 울다
다시 울다 잠들면
포구에 마주 선 등대가
아픈 바람을 토닥이는 곳

갯바위 틈 부서진 하얀 포말은
밀당에 시간 가는 줄 모르고
잠들었던 바람이
울음을 삼켜
바람코지 만드는 곳

된바람에 돛 꺾이고
마파람에 검은 흙 날려도
사람들 가슴 가슴마다
하늬바람이 가득한 곳
모슬포

바람과 나

깊은 폐부 속까지 꽉꽉 차오른 인연
후벼파듯 떠오르는 수많은 관계 속 군상들
송곳처럼 뾰족한 신경세포들이
반토막 나 있던 자아들을 찔러대고
우우웅 우우웅
억지로 매듭지어 놓은 기억들이 터져 나와 온몸을 비벼튼다

결코 빗질로 잠재울 수 없는 것이
겨울바람이라고
순함은 순함에서 틔우는 것이라고
바람에게서 배운다

빈곤 속 풍요

지갑 열기 무섭던 가난
생필품조차 사기 주저하던

언제면
머뭇 없이 사고 싶은 것! 사게 될까

갑자기 터진 생리
하루에 두 번이나 마트 문지방을 넘었다

빙판길

살얼음이 가득한 빙판길
툭 건드리면 깨져버릴 듯
아침 빛에 날카롭게 반짝거린다

까칠한 모습
깨어나지 못한 세상을 비웃듯
거친 바람과 함께
이곳저곳 마음껏 후벼판다
상처 나고 찢긴 이들의 절규는
바람이 시작된 곳으로 옮겨가
다시금 흰눈이 되어 제자리를 더듬더듬 찾는다
여전히 녹을 기미가 보이지 않는 검은 아스팔트
움직이는 모든 것의 발걸음을 잡는다

마음 붙들어 매라 경고한다

생生글을 찾아

기억 속 사라져 간 낯선 단어를 찾아

한 걸음도 떼지 못한 문장
한 골을 긋지 못하는 과거와 현재
순수로 위장한 가짜 글
타인 것을 내 것처럼 빌려 쓰고
싸리비 틈새로 빠져 나간 먼지처럼 가벼운 사유
죽어가는 언어와 영감
꽁꽁 숨어버린 생生 글

언어도단의 늪에서 허우적거리는
젊은 시인의 한숨
빠르게 변해 가는
계절 속 낙엽처럼
덜렁이는 감성 앞에서
마지막 힘을 다해 주섬주섬 글 알을 줍는다

새로이
기억 속에서 태동하는 낯선……

수선화

한파 매서리에 꺾여 온몸이 비틀린 수선화
돌담 밑 작은 틈 사이 피어
아무도 뒤돌아 보아주지 않아도
피어 있음에 웃는다
기껏 피어 고개 떨구는 동백보다
차라리 보이지 않게 피어
사라지지 않을 향기로 남으리

세탁

한 시간을 꽉 막힌 통 안에 갇혀
말할 수 없는 고통 속
등나무 같은 서로의 몸을 붙잡고
다시 소생하길 기다린 허울들
얽히고설킨 시간 속에서
허울은 뭉쳤다 흩어지며
짓누르는 삶의 무게들을 덜어낸다

기꺼이
더할 수 없는 가벼움으로
…

십팔

다시 바다를 찾았다
결론이 뻔했던 만남
새살이 돋을 때쯤
속으로 다시 터진 염증
고목에서 자란 새순
다시 꺾일 줄 알기나 했으면
움트지도 않았을 걸
다시 쓴 눈물 삼키며
다시 찾은 바닷가
갈매기 떼 자유로이 위아래 넘나들며
경계가 없는 푸른 물결
그 물결에 밀려나오는 욕을 씻어낸다
18……
이럴 거 알았잖아
근데…
왜 하필 지금이냐고
태풍이 한차례 지나고 겨우 새잎 나려는데

미세먼지 지수 좋음
일기 예보는 늘 나와 따로국밥
참 낭만적이기도 하다
18……
 감정지수 고공 낙하 중

아버지와 싸락눈

음력 11월 25일
큰 오빠 집 좁은 거실에 작은 가족이 모이는 날
소금과 간장으로 심심하게 간한 콩나물과 고사리 한 접시
'이런 날은 술 한 잔 해야지'
'아버지가 좋아하던 한라산 한 잔씩 할까?'
'살아 계신다면 지금 어떤 모습일까?'
축축해진 막내 물음에
큰 오빠와 어머니의 빈 잔이 희미하게 떨린다
탁탁탁, 현관문을 두드리는 싸락눈 소리

3년 전 오늘
가벼이 생각했던 몹쓸 병, 이기지 못한 몸
나날이 말라 공기조차 숨 안에 가두지 못하고
세상을 담아 가려 무던히도 애쓰던 아버지 눈이
자꾸만 처지던 그 날
'마지막이 아닐 거야, 오늘만 넘기면 괜찮아질 거야'
시선을 맞추며 삶을 놓치지 않으려 부여잡던 밤
심심한 싸락눈이 사락사락 쌓여갔다

'아버지, 눈 오는데 오늘 오지 말고 날 좋아지면 와요'
8시간이 넘는 진통에 첫 애를 출산한 날
버스도 잘 다니지 않는 동네

기어이 한 시간 이상을 기다려 병원을 찾은 아버지.
하얀 비닐봉지 속 귤은 샛노랗게 질려 아버지 손에 잡혀 있고
오랜만에 찾아 입은 양복 언저리엔
폭설 주의보를 몰고 온 싸락눈이 끈질기게 엉겨 있었다

늦은 시각에 도착한 친지 어른
잊어버려 못 오시는 줄 알았는데 와준데 대한 고마움
고개 숙여 절하고 뜨거운 커피 한잔 내 온다
아버지를 보고 나오신 어르신
살아생전 망자가 좋아하시던
하얀 소주 한잔 가득 따라 드시며
'웬 눈이 저렇게 오냐,
이쁜 자식들 오랜만에 봐서 기분 좋은가 보다
느그 아버지 좋아하던 싸락눈이 쉬이 그칠 것 같지 않구나'

다시 마주한 겨울

막 피어 빛나던 새봄
정열로 기억되던 여름
오해의 파편으로
진하게 물들었던 가을

겨울은
어느새
나에게 다가와 있었다
잔인함으로.

덧없음,

닥친
시련 앞에서
가뭇없이 잊혀진
봄, 여름, 가을
그리고, 지금
착한 나는 없다
다시 마주한
겨울은
변해 있었다

땅에는 평화
― 원주세브란스 병원에서

아들 병간호로 지쳐 가던 낯선 곳
하늘에는 영광
땅에는 평화
점멸 점등을 반복하는 크리스마스 트리
봉사 나온 시냇물교회 음악 봉사단이 선물하는
작은 음악회가 열렸다
빛바랜 오카리나가
눌린 지문 사이로 고운 음을 내뱉고
춤추듯 너울대는 가냘픈 소리에
할머니 손 맞잡은 할아버지 굽은 어깨가
힘없이 들썩거린다
병마와 싸우는 치열한 격전지에
따뜻한 캐럴이 울려 퍼지고
마음 오선지 가득
희망의 리듬이 불을 켠다
알콜 소독 냄새는 선율에 닦이고
파랬던 얼굴들이 저마다의 얼굴색을 되찾는다
크리스마스 이브
원주 세브란스병원 로비에선
병마보다 강한
믿음이
고통을

이기고

평화를 만나고 있다

오른발이 왼발 앞에서

종종걸음과 큰 걸음
가벼운 걸음과 무거운 걸음
사람 걸음과 사람이 아닌 모든 것의 걸음
민무늬 걸음과 가지각색 무늬의 걸음

어지러히 찍힌 발자국 틈에서
내 뒤에 남은 나를 찾는다
쉼 없이 쏟아지는 눈 속에서
맨살을 드러낸 240센티미터 몸뚱아리
벗어나려 빠른 걸음으로 멀어져 갈수록
또박 또박 따라오는 군상들
걸어온 길과 가야 할 길
방향을 잃은
오른발이 왼발 앞에서 멈칫거린다

딱 내 발 크기만큼 고여진 설(雪)의 물
서서히 고름 되어 타인의 흔적들을 지우고,

봄이 오는 길은 아득히 멀기만 한데
아직도 눈 위엔 수십 개의 군상들이
위태롭게
겨울을 밟고 서 있다

한라산 조릿대

한라산 조릿대는
소리를 가둬 놓고 바람결 따라
쏴아아~ 쏴아아~
숨겨둔 제주 이야기를 풀어 낸다

동네 어귀, 마당 한켠
대대로 지켜온 왕대 애기
밥상 대신 창이 된 죽순
뾰족 뾰족 날을 세운 이웃과 이웃
핏물을 이슬 삼아 자란 동백
삶과 죽음의 가벼움

소문이 진실이 되고 거짓이 사람을 잡던 날들

마을 안 빈 대나무 숲은
빈 메아리로 울림만 가득한데
육지로 떠나지 못한 바람만이
쉭~ 쉭 헛바퀴를 돌았지

한라산 조릿대는 알고 있다

제주 바람이 왜 그렇게 쉬지 않고 우는지……